Analyse de l'œuvre

Par Lucile Lhoste

Une bouteille dans la mer de Gaza

de Valérie Zenatti

Rendez-vous sur lepetitlitteraire.fr et découvrez :

Plus de 1200 analyses
Claires et synthétiques
Téléchargeables en 30 secondes
À imprimer chez soi

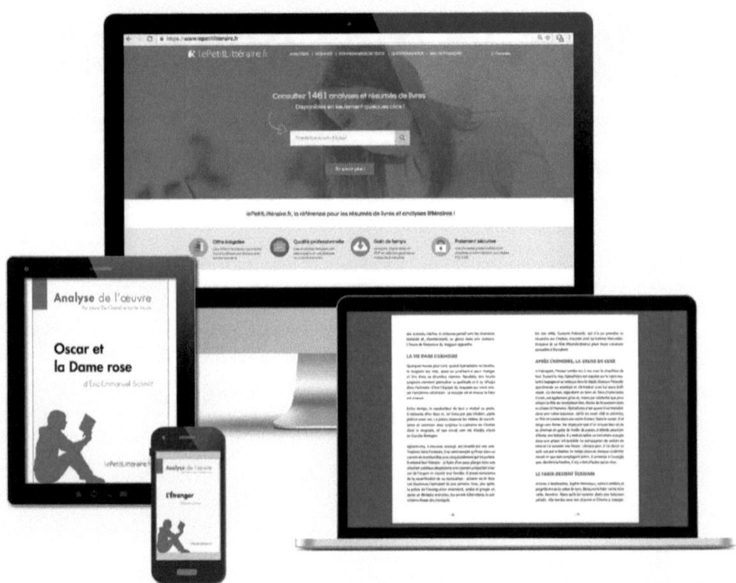

VALÉRIE ZENATTI

AUTEURE, TRADUCTRICE ET SCÉNARISTE FRANÇAISE

- **Née en 1970 à Nice**
- **Quelques-unes de ses œuvres :**
    - *Quand j'étais soldate* (2002), autobiographie
    - *En retard pour la guerre* (2006), roman
    - *Jacob, Jacob* (2014), roman

Valérie Zenatti est née à Nice le 1ᵉʳ avril 1970. De confession juive, elle émigre à 13 ans avec sa famille en Israël, où elle effectue son service militaire entre 1988 et 1990. Elle retourne ensuite en France où elle entreprend des études d'histoire et d'hébreu. Traductrice de l'écrivain israélien Aharon Appelfeld (né en 1932), elle exerce une variété de métiers (dans le journalisme, la radio, l'enseignement) avant de se consacrer à l'écriture de romans et de scénarios.

Ses textes lui ont valu diverses distinctions (dont le prix du Livre Inter pour *Jacob, Jacob* en 2015), et deux de ses romans, *Une bouteille dans la mer de Gaza* et *En retard pour la guerre*, ont été adaptés au cinéma.

UNE BOUTEILLE DANS LA MER DE GAZA

UN HYMNE AU DIALOGUE INTERCULTUREL

- **Genre :** roman jeunesse
- **Édition de référence :** *Une bouteille dans la mer de Gaza*, Paris, L'École des loisirs, coll. « Médium », 2005
- **1ʳᵉ édition :** 2005
- **Thématiques :** le conflit israélo-palestinien, la guerre, l'amitié, le dialogue

Au lendemain d'un attentat perpétré près de chez elle, la jeune Tal, 17 ans, a une idée saugrenue : écrire une lettre porteuse d'amitié et d'espoir, l'enfermer dans une bouteille et charger son frère Eytan de l'emmener avec lui à Gaza pour la confier à la mer. La lycéenne espère ainsi que la bouteille soit trouvée par une adolescente de son âge avec laquelle elle pourrait correspondre. Contre toute attente, c'est un jeune homme qui lui répond, et il ne semble pas très avenant...

Traduit dans une quinzaine de langues et couronné de plusieurs prix, *Une bouteille dans la mer de Gaza* est également adapté au cinéma par Thierry Binisti (réalisateur français, né en 1964) en 2012.

RÉSUMÉ

FORCER LE DIALOGUE

Tal, une jeune adolescente israélienne, habite avec ses parents et son frère à Jérusalem, où la guerre est devenue une partie de son quotidien. Depuis trois ans et le début de la deuxième Intifada (révolte nationaliste des Palestiniens), les attentats se succèdent. L'un d'entre eux, survenu dans un café proche de chez elle, choque la lycéenne qui ne s'habitue pas à tant de violence. Elle adore sa ville, son quotidien, ses amis et ne supporte plus tant d'instabilité et de conflits entre Israéliens et Palestiniens.

LE SAVIEZ-VOUS ?

La première Intifada a lieu entre 1987 et 1993 en Cisjordanie et à Gaza, territoires palestiniens occupés par Israël. Exaspérés par les humiliations quotidiennes qu'ils subissent et indignés par la minimisation de la mort de quatre Palestiniens lors d'un accident causé par un camion israélien, les Palestiniens, principalement des jeunes, entament une campagne de désobéissance civile accompagnée d'actes de violence (jets de pierres, attaques de cocktails Molotov, etc.). Celle-ci prend fin avec les accords d'Oslo de 1993, qui établissent un plan d'autonomie progressive pour les territoires occupés. Ceux-ci seront toutefois un échec.

Alors qu'elle couche habituellement sur papier ses souvenirs et ses émotions pour elle-même, elle a un jour une illumination : elle doit entrer en contact avec quelqu'un de l'autre côté de la frontière avec Gaza. Elle décide alors d'écrire une longue lettre, qu'elle place dans une bouteille qu'elle confie à son frère Eytan, qui fait son service militaire dans la ville palestinienne. Elle lui demande de jeter la bouteille à la mer et espère que quelqu'un la trouvera et acceptera de dialoguer avec elle.

Un e-mail arrive quelque temps plus tard sur l'adresse que Tal a créée spécialement pour cet échange. À sa grande surprise, il provient d'un homme qui refuse d'entrer dans son jeu. Cependant, la jeune Israélienne parvient à forcer le dialogue et entame une correspondance suivie avec celui qui se fait appeler Gazaman.

Quelques mois plus tard, alors que Tal se promène dans Jérusalem afin de filmer la ville pour réaliser un documentaire, un attentat se produit sous ses yeux. Cet évènement bouleverse son existence, la rend plus grave et amère, et l'amène à pousser son correspondant dans ses retranchements. Ce dernier finit par lui avouer son prénom, Naïm, et lui fait part à son tour de la manière dont il vit son quotidien et la guerre dans la bande de Gaza.

Six mois après avoir trouvé la bouteille, Naïm écrit à Tal ce qui sera son dernier message. Il lui détaille tout ce qu'elle a voulu savoir de lui, lui apprend sa récente admission pour une bourse d'études au Canada et lui donne rendez-vous trois ans plus tard à la fontaine de Trevi, à Rome.

UNE CORRESPONDANCE SECRÈTE

Les relations entre Israéliens et Palestiniens sont mal vues, raison pour laquelle Eytan est dans un premier temps choqué de la demande que lui fait sa sœur : n'est-elle pas folle de vouloir dialoguer avec un Palestinien en temps de guerre ? De plus, être porteur d'un tel message le met lui-même en danger, pour les mêmes raisons. Il finit néanmoins par céder, par égard pour sa petite sœur.

Tal a créé spécialement pour cette correspondance une nouvelle adresse électronique qu'elle consulte fréquemment pendant les deux semaines suivantes, au terme desquelles elle reçoit un message d'un certain Gazaman. Ce dernier brise d'emblée les belles illusions de la jeune fille : elle a de la chance que sa bouteille ait été trouvée par quelqu'un connaissant l'hébreu, car personne ou presque ne parle cette langue à Gaza. Et lui n'a en outre aucune envie de répondre à ses sollicitations...

Ces affirmations ne sont cependant pas aussi vraies que leur auteur le laisse croire. Il est au fond très intrigué par Tal et sa sincérité, et ne peut s'empêcher d'aller au cybercafé pour lui répondre, en faisant attention à ce que personne ne le surprenne. Il est en effet dangereux d'avoir des contacts cordiaux avec un Israélien à Gaza. Un jour, pensant avoir été démasqué et craignant les conséquences que cela pourrait avoir, il décide de ne plus se rendre au cybercafé et d'utiliser un ordinateur dans un local géré par des amis afin de garder contact avec la jeune fille.

Il reste toutefois très méfiant pendant plusieurs mois, se

refusant à révéler quoi que ce soit de concret sur lui. Tal ne l'apprendra que beaucoup plus tard, mais Eytan en sait, lui, un minimum sur Naïm. Le soldat a en effet régulièrement surveillé la plage de Gaza où il a déposé la bouteille, par curiosité, et a surpris le moment où le Palestinien a trouvé la lettre. Il savait depuis le début à quoi ressemblait le jeune homme, mais a préféré taire ce détail, bien qu'il avoue avoir d'emblée eu confiance.

UNE AMITIÉ AU-DELÀ DES FRONTIÈRES

Naïm reste pendant très longtemps d'un mutisme total en ce qui concerne sa vie et son passé. Ce n'est qu'à la fin du roman, alors qu'il s'apprête à partir pour le Canada, qu'il lui révèle qu'il travaillait pour obtenir sa bourse d'études. Le lecteur apprend également que Tal lui rappelle une autre jeune fille portant le même prénom, qu'il a connue en Israël lorsqu'il y a travaillé. Il logeait chez son père, également son employeur, et était progressivement tombé amoureux de l'autre Tal. Après le déclenchement de la seconde Intifada, en 2000, les jeunes Palestiniens comme lui n'ont plus pu travailler en Israël. Naïm s'est donc juré de quitter Gaza pour se construire un avenir meilleur ailleurs.

Durant leurs échanges, Tal reçoit de son père une proposition qui l'intéresse particulièrement : réaliser un documentaire sur Jérusalem en filmant la ville telle qu'elle la voit. C'est ainsi qu'un matin, elle est témoin de l'explosion d'un bus en pleine rue, alors que plusieurs personnes se trouvaient à son bord. Suite à cela, elle ne répond plus à Naïm pendant plusieurs jours. Tal était déjà inquiète de ce qu'il se passait autour d'elle mais, après l'attentat du bus, elle sort à peine de chez elle, doit voir un psychologue et erre complètement désemparée.

Peu à peu, sa correspondance avec Naïm devient un refuge : elle lui parle plus facilement qu'au praticien, auquel elle n'accepte de se confier qu'après plusieurs séances. Son père parvient néanmoins à la sortir de sa léthargie en l'emmenant faire une promenade en ville. Il faudra cela pour qu'elle lui avoue tout de sa correspondance, qu'il accepte sans broncher. Tal a alors un mauvais pressentiment, Naïm ne lui ayant pas envoyé de message depuis un moment. Il se confirme par la séparation qui survient lorsqu'il annonce son intention de quitter le pays, malgré la promesse d'un rendez-vous trois ans plus tard.

ÉTUDE DES PERSONNAGES

TAL LEVINE

Tal est une lycéenne de 17 ans, née le 1er juillet 1986 à Tel-Aviv – alors que tous les membres de sa famille sont nés à Jérusalem pendant plusieurs générations. Selon Naïm, qui la découvre en même temps que le lecteur lorsqu'elle lui envoie sa photo par mail, elle a un visage anguleux et ouvert, des cheveux longs et châtains, les yeux marron-vert et des taches de rousseur. Elle est jolie sans être extrêmement belle. Elle a le contact facile et un caractère enjoué, bien qu'elle se préoccupe énormément de la situation de guerre dans laquelle son pays se trouve.

Son environnement et sa qualité de vie sont plutôt confortables malgré l'insécurité latente. L'adolescente sait toutefois qu'il est difficile d'aborder le sujet du dialogue avec les Palestiniens, c'est pourquoi elle ne parlera de sa correspondance avec Naïm que très tard. Lorsqu'ils l'apprennent, ses parents sont étonnamment tolérants : au fond, ils ne sont pas fermés à une entente non plus, même s'ils ne peuvent l'exprimer ouvertement en raison des tensions entre les deux territoires.

Ses principales relations sont Efrat, sa meilleure amie, Ouri, son petit ami, et la sœur de celui-ci avec laquelle elle s'entend également bien. Elle est aussi très proche de son frère Eytan, un infirmier militaire de 20 ans, avec lequel elle se rend souvent au café, toujours le même, lorsqu'il est en permission. C'est l'une des raisons pour laquelle l'attentat qui survient en début de roman dans le café en question la touche autant : c'est un lieu qui lui est familier.

Tal a vécu des évènements importants de l'Histoire israélienne, dont deux l'ont particulièrement marquée : la signature des accords d'Oslo en 1993 (une étape du processus de paix israélo-palestinien, qui met fin à la première Intifada) et l'assassinat de Yitzhak Rabin (homme politique israélien, 1922-1995). Tous les ans, sa famille et elle se rendent sur la place où ce dernier a été tué pour commémorer cette date fatidique.

Yitzhak Rabin

Né en Israël dans une famille sioniste, Yitzhak Rabin s'engage, à l'issue de sa scolarité, dans l'armée clandestine juive, qui lutte pour l'indépendance du pays alors sous mandat britannique. Il y gravit les échelons, devenant en 1964 chef d'état-major de Tsahal (nom que prend l'armée israélienne lors de l'indépendance, en 1948) avant de devenir pour cinq ans ambassadeur à Washington.

En 1974, il entre en politique en tant que ministre du Travail avant de devenir, la même année, Premier ministre à la suite de Golda Meir (1898-1978). Passé ministre de la Défense, il se montre inflexible face aux Palestiniens révoltés de 1987. Par la suite, lors d'un second mandat de Premier ministre à partir de 1992, il revient sur ses positions et commence à œuvrer en faveur de la paix entre Israéliens et Palestiniens, au

Comme nombre d'Israéliens, Tal vit au rythme des attentats qui ont régulièrement lieu dans le pays. Elle ne s'habitue cependant pas à tant de violence et de conflits. Sa volonté de vivre un jour dans une terre en paix, où Israéliens et Palestiniens pourraient cohabiter, est le moteur de sa décision de jeter une bouteille dans la mer de Gaza.

L'explosion du bus à laquelle elle assiste l'ébranle fortement, au point qu'elle ne va plus au lycée ; mais elle ne peut s'empêcher de conserver une foi inébranlable en l'idée que son rêve de réconciliation se réalisera. Elle n'entreprend toutefois pas de grandes actions en ce sens, sa correspondance avec un Palestinien étant sa seule forme de résistance face à la barbarie. Mais, ce faisant, elle prend déjà un risque majeur et se montre d'un courage exceptionnel pour son âge.

Si elle espère converser avec une autre jeune fille à propos de ses préoccupations, elle est doublement surprise de l'effet de sa bouteille. Non seulement c'est un homme qui la trouve, mais il lui démontre en outre par son témoignage que la jeunesse palestinienne est plus désemparée encore qu'elle le croyait. Tal comprend qu'il y a de la souffrance dans les deux camps et que les Palestiniens, présentés comme des ennemis, endurent eux aussi les lourdes conséquences de la guerre. L'adolescente qu'elle est reste impuissante face au conflit, mais elle trouve tout de même un moyen à sa portée pour franchir la frontière vers la bande de Gaza et établir le dialogue.

NAÏM AL-FARJOUK

Âgé de 20 ans au moment du récit, Naïm est sans doute né vers 1983 ou 1984, si l'on se fie aux années durant lesquelles il correspond avec Tal. Il est assez grand et a les cheveux courts et bouclés. Il est d'un tempérament taquin et se montre beaucoup moins naïf et enjoué que sa correspondante. Il est fils unique – fait rarissime à Gaza – et est choyé par ses parents.

Contrairement à la majorité des Palestiniens, Naïm connait l'hébreu parce que son père a tenu à ce qu'il l'apprenne lorsque le processus de paix israélo-palestinien a été enclenché. Il est très doué sur le plan scolaire et travaille d'arrachepied pour s'offrir une vie meilleure, parvenant ainsi à obtenir une bourse d'études au Canada. Sa vie sociale est pauvre en dehors de ses deux amis européens, Paolo et Willy, psychologues, dont il emprunte l'ordinateur après avoir décidé de ne plus fréquenter le cybercafé.

Alors qu'il avait à peu près le même âge que Tal, il a eu l'occasion de partir travailler en Israël. Il a dû loger sur place à la suite d'un blocage des checkpoints vers Gaza puis est régulièrement venu chez son patron pour manger et/ou dormir. C'est là qu'il a rencontré une autre Tal, la fille de son employeur, et qu'il en est tombé amoureux. Malheureusement, il a dû retourner à Gaza peu de temps après parce qu'il n'y avait plus de travail pour lui, et n'a plus pu y retourner à cause des attentats qui se sont multipliés sur le sol israélien. Cette coupure brutale l'a profondément marqué : il ne veut plus d'un endroit où ses relations sont conditionnées par le moindre acte de violence.

Naïm est très méfiant et peu enclin à se dévoiler. Même avec ses amis, il mettra beaucoup de temps avant de se confier. Ce sont les propos que tiennent Paolo et Willy sur la possibilité pour un individu d'exister en lui-même, de pouvoir soigner ses déchirures, qui le bouleversent et le poussent à s'épancher enfin. Les deux psychologues sont en effet en Palestine parce que, si on ne peut empêcher les conflits, on peut en revanche épauler ceux qui les subissent pour les aider à panser leurs blessures. Les écouter, les considérer comme des individus au lieu d'une partie anonyme d'un collectif, est pour eux la base de leur métier. Naïm, qui a beaucoup souffert, craque en entendant ces paroles.

Dans sa correspondance avec Tal, il emploie dans un premier temps le surnom de Gazaman, ne donne son prénom que dans une période de grande fatigue consécutive à des actions ayant touché des connaissances, et ne parle réellement de lui que dans son message final, quand il est certain que la jeune fille n'aura plus l'occasion de lui répondre.

Au moment où débute le récit, il a déjà subi beaucoup d'épreuves. Sa réticence première à poursuivre leurs échanges n'a toutefois que peu à voir avec le conflit ; elle est essentiellement due au souvenir de l'autre Tal qui le hante toujours. Il comprend peu à peu que ce n'est pas parce que sa correspondante est jeune qu'elle est nécessairement écervelée, et se prend à espérer qu'il est encore possible, tant de temps après son cloisonnement dans Gaza, de tisser une véritable relation avec l'Autre. C'est fort de cela, et soulagé de savoir que quelqu'un l'attend au bout du chemin, qu'il peut partir en toute confiance poursuivre ses études à l'étranger.

EYTAN LEVINE

Eytan est un jeune infirmier militaire de 20 ans et le frère ainé de Tal. Comme tous les jeunes Israéliens de son âge, il est tenu d'effectuer son service militaire puisque la loi exige que tout jeune homme ou jeune femme, sauf situation familiale exceptionnelle (si le jeune a des enfants par exemple), accomplisse jusqu'à trois ans dans l'armée. Il officie dans la bande de Gaza, mais ne parle pas beaucoup de ce qu'il vit là-bas. Tal suppose qu'il lui cache les horreurs auxquelles il assiste pour ne pas la traumatiser : « J'imagine qu'il a appris à ne pas voir, ou à oublier, pour ne pas ressembler trop tôt à un vieillard. » (p. 9)

D'un naturel calme et posé, c'est un jeune homme déjà très mature, qui a pleinement conscience de la gravité du conflit israélo-palestinien. Il semble assez ouvert, même s'il l'est moins que sa sœur : contrairement à elle, il n'est pas d'un optimisme débordant quant à la possibilité d'une amitié entre les deux camps. Même s'il accepte, quoiqu'avec réticence, de déposer le message de Tal à Gaza, il prend des précautions : il vérifie le contenu des lettres d'abord, n'agit que lorsqu'il est sûr qu'on ne peut pas le voir (son comportement pouvant être jugé suspect), et revient ensuite à plusieurs reprises, toujours en vérifiant ses arrières, dans l'espoir d'apercevoir la personne qui ramasse la bouteille.

Ces détails ne sont cependant révélés qu'en fin de roman, lorsque Eytan livre son secret : il est le seul à savoir à quoi ressemble Naïm, puisqu'il l'a vu prendre la lettre. C'est à cette même occasion qu'il s'emporte contre sa sœur, ce qui est très rare et met en évidence la distance qui les sépare : « Enfin, tu vis sur Mars ou quoi ?! Tu pensais vraiment que j'allais jeter une bouteille à la mer, à Gaza, sans rien savoir de son contenu ? Je suis un soldat, Tal. Pas un doux rêveur irresponsable ! » (p. 143)

OURI ET EFRAT

Ouri et Efrat sont deux adolescents israéliens, respective-ment le petit ami et la meilleure amie de Tal. Ils sont dans le même lycée qu'elle, mais seule Efrat est dans la même classe que son amie (elles font d'ailleurs en sorte d'être voisines de banc à chaque heure de cours). Ils ne sont confrontés que de manière indirecte au conflit, aussi ont-ils du mal à consoler Tal lorsqu'elle est témoin de l'attentat du bus. Ils sont pourtant très prévenants envers elle, et l'on peut même affirmer que leur état d'esprit évolue de manière plus sérieuse puisque cet acte de violence a directement atteint leur amie.

Si Efrat n'est plus évoquée que de manière sporadique dans la suite de l'intrigue, Tal interroge fréquemment ses senti-ments à propos d'Ouri. Elle affirme à son père qu'elle aime toujours le garçon, du moins le croit-elle, mais avoue qu'elle choisirait Naïm s'il y avait un choix à faire.

LES PARENTS DE TAL

Les parents de Tal et Eytan sont les seuls personnages israéliens (avec la famille de l'autre Tal, mais le ressenti de cette dernière n'est pas particulièrement détaillé) ayant vécu l'amorce du processus de paix et à en avoir compris les tenants et aboutissants. Las des conflits opposant Israël et Palestine, ils plaçaient de grands espoirs dans les accords d'Oslo de 1993, supposés rapprocher les deux contrées. Tal le montre clairement quand elle fait le récit de la journée du 13 septembre 1993 chez les Levine : ils ne sont pas allés travailler, ont acheté de la nourriture et des boissons inhabituelles, et pleuraient de joie devant la télévision qui montrait les dirigeants israélien, palestinien et américain réunis.

Ils ont déchanté depuis et mènent, comme tout Israélien, une vie au jour le jour, sans savoir où le conflit en sera le lendemain. Ils n'ont toutefois pas abandonné leurs idées pacifistes et gardent foi dans le dialogue qu'ils jugent toujours possible entre les deux communautés. C'est pourquoi, sans manifester le même enthousiasme débordant que leur fille (sans doute sont-ils fatigués moralement de ce conflit), ils l'encouragent dans la confiance qu'elle accorde à Naïm.

CLÉS DE LECTURE

LE CONFLIT ISRAÉLO-PALESTINIEN

Ce conflit géopolitique trouve son origine dans la déclaration Balfour (du nom de son signataire, le secrétaire d'État britannique Arthur Balfour, 1848-1930) en 1917. Le Royaume-Uni se prononce par ce document en faveur d'un foyer national juif en Palestine, alors que les Arabes s'attendaient à la création d'un État arabe indépendant que promettaient les accords Hussein-McMahon deux ans plus tôt.

À la suite de la Seconde Guerre mondiale (1939-1945), les Britanniques, incapables de trouver une solution satisfaisante pour concilier les points de vue juif et palestinien et enrayer les violences, remettent leur mandat sur ce territoire à l'ONU, qui vote en novembre 1947 un plan de partage de la Palestine divisant celle-ci en trois parties : un État juif, un État arabe et une zone internationale (Jérusalem). Cette résolution, rejetée par les Palestiniens, déclenche une véritable guerre civile. Lorsque, en mai de l'année suivante, Israël proclame son indépendance, la guerre est officielle et inaugure la période belliqueuse que connait aujourd'hui encore cette région du monde.

Le désaccord repose principalement sur l'absence de reconnaissance mutuelle des deux peuples et sur la non-reconnaissance de l'existence d'un État palestinien par certains membres de l'ONU. En plus de cette confrontation liée au territoire, les deux entités sont également opposées du point de vue religieux : la Palestine est à majorité musulmane alors qu'Israël est sioniste (imprégnée d'un sentiment national juif fort).

Avant les évènements liés au soulèvement palestinien de 2000 évoqués par Tal et Naïm, diverses solutions ont été envisagées pour mettre fin à ce conflit. Ainsi, les accords de Camp David, signés en 1978 par le président égyptien Anouar el-Sadate (1918-1981) et le Premier ministre israélien Menahem Begin (1913-1992), prévoyaient entre autres de poser des bases pour négocier le sort de la bande de Gaza. Les accords d'Oslo, signés en 1993 en présence d'Yitzhak Rabin, Yasser Arafat (homme d'État palestinien, 1929-2004) et Bill Clinton (président américain, né en 1946), planifiaient une autonomie progressive de la Palestine, en instituant une autorité nationale et une découpe claire des territoires. Leur application a été ralentie du fait de l'assassinat de Rabin en 1995, puis abandonnée après le début de la deuxième Intifada.

Ce conflit n'est à l'heure actuelle pas résolu et d'autant plus tendu que, depuis la guerre de Gaza de 2014 et la vague de violence qui en a résulté à partir de 2015, les relations entre Israël et la Palestine se sont encore aggravées.

LE MODE DE LA CORRESPONDANCE

Le roman présente plusieurs types de narration différents : il alterne constamment entre des chapitres à la narration classique, présentés tantôt par Tal tantôt par Naïm, et des chapitres où figurent les e-mails échangés entre les deux protagonistes.

Dans les chapitres où ils s'expriment pour eux-mêmes, ils laissent libre cours à leurs inquiétudes et à leur ressenti. Ils se posent les questions qu'ils ne peuvent partager avec d'autres et font des constats qui servent de base à leur relation inhabituelle.

> « Je lui ai dit que les questions ne se poseraient pas si je n'étais pas israélienne et lui palestinien. Mais c'est ainsi : nous sommes nés là où la terre brûle, où les jeunes se sentent vieux très tôt, où c'est presque un miracle lorsque quelqu'un meurt de mort naturelle. » (p. 69)

Au sein de leurs e-mails en revanche, ceux-ci étant susceptibles d'être un jour lus par un tiers, Tal et Naïm se dévoilent peu, préférant souvent évoquer des sujets plus légers. Ces courriels sont présentés en mentionnant leurs destinateurs, destinataires et objets, et le ton qui y est employé est souvent plus libre que dans les chapitres classiques, alors qu'ils sont narrés par les mêmes personnages.

> « Signes particuliers : prétend être poli mais écrit "salut, Machine". Possède le sens de l'humour, je dirais même de l'humour juif. Le goût du secret, aussi. » (p. 51)

Bien plus tard, et dans un seul cas, Tal et Naïm se parlent par messagerie instantanée. Durant cette conversation, Naïm dresse le constat amer que jamais Israéliens et Palestiniens n'ont été d'accord sur les mots que chacun employait, et que ce seul fait constitue un obstacle à leur entente. Cette réflexion nait du fait qu'ils prennent à ce moment conscience qu'ils n'utilisent pas les mêmes termes pour désigner les mêmes choses :

<blockquote>« Vous dites que vous recherchez des terroristes dans la ville de Sichem et nous on dit que vous êtes aux trousses de nos combattants dans la ville de Naplouse. (Et c'est la même ville ! Et ce sont les mêmes hommes !) » (p. 139)</blockquote>

Le choix de la correspondance comme mode de narration obéit à une logique rationnelle : l'histoire devant rester dans un cadre réaliste, il était impossible pour l'auteure d'envoyer Tal en Palestine (elle n'a pas encore l'âge de faire son service militaire comme Eytan). Le seul moyen qu'elle a d'entamer un dialogue avec l'autre côté est d'y faire passer un message, en l'occurrence sous la forme de lettres puis d'e-mails. Ce choix stylistique a donc une raison d'être pratique avant tout.

On peut toutefois également reconnaitre, dans les propos politiques tenus par les protagonistes, une dénonciation d'une situation en cours comme d'autres romans épistolaires ont pu le faire. Cette tradition est loin d'être nouvelle : en 1721, dans *Les Lettres persanes*, Montesquieu (écrivain et penseur français, 1689-1755) critiquait déjà la société française de son temps, mais de manière plus détournée pour contourner la censure. Ici, il s'agit de faire admettre l'absurdité du conflit à des adolescents à l'aube de devenir des citoyens du monde, en donnant directement la voix à deux d'entre eux.

LES ESPOIRS DE LA JEUNESSE DU MOYEN-ORIENT

Les deux protagonistes sont des représentants d'une jeunesse qui a pris espoir en une réconciliation entre Israël et la Palestine lorsque les premiers accords de paix qu'ils ont connus (les accords d'Oslo) ont été signés, et qui ne comprend pas comment la situation peut dégénérer ainsi lorsque les deux peuples prétendent vouloir que le conflit s'apaise : « Un jour vous, nous, nous nous apercevrons qu'il n'y a pas de gagnant possible dans la violence, que c'est une guerre de perdants. Un gâchis. » (p. 166)

Tout en continuant d'espérer une issue heureuse, suite à l'échec des accords d'Oslo, ils sont devenus fatalistes : rien ne semble s'arranger chez eux et ils ne savent plus ce qu'ils peuvent faire pour tenter d'améliorer la situation. Les actes de violence étant continuels, la population semble s'être accommodée – ou plutôt résignée – à ce que le conflit perdure. Tal explique, après l'attaque du café puis celle du bus, que la vie semble continuer parce que, vu la fréquence des attentats, il est évident pour tout le monde que l'on ne peut que vivre en espérant ne pas faire partie des futures victimes.

Du côté de Naïm, c'est plus compliqué. Les gens vivent relativement normalement, si ce n'est la présence militaire, mais sont à la fois coupés du monde et stigmatisés à l'extrême par leurs seuls voisins juifs. Ils vivent au jour le jour, dans l'attente qu'on leur reconnaisse un État, méfiants les uns envers les autres (Naïm fait attention à ne pas montrer la moindre sympathie envers les Israéliens en public) et désireux de recouvrer leur liberté.

Depuis l'automne 2015, en raison de l'Intifada aux couteaux, nombreux sont les médias qui ont fait le bilan des motivations qui poussent les jeunes Palestiniens à se révolter à la fois contre Israël et contre toute autorité. Comme ils l'ont constaté, ils sont « pour la plupart nés après les accords d'Oslo, ont grandi avec l'échec désormais avéré du "processus de paix", dans la frustration, la peur et l'humiliation permanentes, sans perspective d'avenir » (WARSCHAWSKI M., « La jeunesse palestinienne à couteaux tirés avec Israël », in *Association France Palestine Solidarité*, octobre 2015). Cette jeunesse ne connait que sa terre, et ce qu'elle a appris du Printemps arabe (ensemble de mouvements de soulèvement survenus dans des pays arabes à partir de 2011) a accentué son sentiment d'injustice vis-à-vis de sa propre situation. Elle est désespérée, n'hésitant plus à prendre les armes parce qu'elle a vu les tentatives de résolution diplomatique du conflit échouer les unes après les autres.

Tal et Naïm n'entrevoient, eux non plus, pas de solution, mais, contrairement à la plupart des Juifs et des Palestiniens d'hier comme d'aujourd'hui, ils se refusent à considérer que la violence puisse avoir un quelconque effet positif ; ils préfèrent le dialogue aux armes parce qu'ils ont tous deux été témoins des conséquences bouleversantes de la guerre.

QUELQUES QUESTIONS POUR APPROFONDIR VOTRE RÉFLEXION...

- « Ce sont des jours de ténèbres, de tristesse et d'horreur. La peur est revenue. » (p. 7) De quelle manière ces phrases qui ouvrent le roman résument-elles l'état d'esprit de l'héroïne sur le moment ? Comment ce dernier va-t-il évoluer ? Répondez à l'aide d'éléments issus du roman.
- L'intrigue a lieu entre septembre 2003 et la mi-2004, alors que la seconde Intifada fait rage depuis trois ans. Quel impact ce contexte de guerre a-t-il sur les populations israéliennes et palestiniennes ? Répondez en citant des éléments de la correspondance entre Tal et Naïm.
- Le contexte historicopolitique occupe une grande place dans le roman. En quoi est-il essentiel pour appréhender la psychologie des personnages ?
- Pourquoi Tal et Naïm doivent-ils cacher leur correspondance, et pourquoi cela leur semble-t-il absurde de le faire ?
- La réaction de la famille de Tal lorsqu'ils apprennent son échange d'e-mails avec un Palestinien est-elle surprenante ? Justifiez votre réponse.
- Le statut militaire d'Eytan rappelle le service que doivent effectuer tous les jeunes hommes et femmes israéliens dans l'armée. Malgré ce statut, Eytan est-il dans le même état d'esprit que sa sœur ou conçoit-il le conflit différemment ?
- La fin du roman est ouverte, alors que le réalisateur du film a pris le parti d'imaginer la future rencontre entre

les deux jeunes gens. À votre avis, quel intérêt présentent respectivement ces deux orientations ?

- Comment retranscririez-vous à l'écran les échanges épistolaires entre les deux protagonistes ? Pourquoi ?
- En quoi cette citation de Naïm fait-elle écho au désespoir de la jeunesse palestinienne ?

> « Je dois être le seul Palestinien de Gaza pour qui quelqu'un s'inquiète, de l'autre côté. L'Unesco devrait me classer monument historique ou patrimoine mondial. On devrait me filmer et me montrer au monde entier, comme un objet rare et précieux. » (p. 85)

- Les personnages de Tal et Naïm reflètent-ils la jeunesse d'aujourd'hui en Israël et en Palestine ? Qu'est-ce qui les en distingue ?

POUR ALLER PLUS LOIN

ÉDITION DE RÉFÉRENCE

- ZENATTI V., *Une bouteille dans la mer de Gaza*, Paris, L'École des loisirs, coll. « Médium », 2005, 167 p.

ÉTUDE DE RÉFÉRENCE

- WARSCHAWSKI M., « La jeunesse palestinienne à couteaux tirés avec Israël », in *Association France Palestine Solidarité*, octobre 2015, consulté le 27 septembre 2016. http://www.france-palestine.org/La-jeunesse-palestinienne-a-couteaux-tires-avec-Israel

ADAPTATION CINÉMATOGRAPHIQUE

- *Une bouteille à la mer*, film réalisé par Thierry Binisti, avec Agathe Bonitzer (Tal) et Mahmoud Shalaby (Naïm), France, Québec, Israël, 2012.
Le film présente une intrigue assez similaire à celle du roman de Valérie Zenatti, avec une lecture des e-mails par une voix off. Toutefois, les évènements se déroulent sur un an (contre deux fois moins de temps dans le livre), certains personnages secondaires sont effacés, Naïm étudie au Centre culturel français de Gaza au lieu d'aller au Canada, et l'intrigue va un peu plus loin que la fin du roman en imaginant la rencontre entre Tal et Naïm. Ce film a reçu plusieurs prix entre 2011 et 2012.

Retrouvez notre offre complète sur lePetitLittéraire.fr

- des fiches de lectures
- des commentaires littéraires
- des questionnaires de lecture
- des résumés

ANOUILH
- Antigone

AUSTEN
- Orgueil et Préjugés

BALZAC
- Eugénie Grandet
- Le Père Goriot
- Illusions perdues

BARJAVEL
- La Nuit des temps

BEAUMARCHAIS
- Le Mariage de Figaro

BECKETT
- En attendant Godot

BRETON
- Nadja

CAMUS
- La Peste
- Les Justes
- L'Étranger

CARRÈRE
- Limonov

CÉLINE
- Voyage au bout de la nuit

CERVANTÈS
- Don Quichotte de la Manche

CHATEAUBRIAND
- Mémoires d'outre-tombe

CHODERLOS DE LACLOS
- Les Liaisons dangereuses

CHRÉTIEN DE TROYES
- Yvain ou le Chevalier au lion

CHRISTIE
- Dix Petits Nègres

CLAUDEL
- La Petite Fille de Monsieur Linh
- Le Rapport de Brodeck

COELHO
- L'Alchimiste

CONAN DOYLE
- Le Chien des Baskerville

DAI SIJIE
- Balzac et la Petite Tailleuse chinoise

DE GAULLE
- Mémoires de guerre III. Le Salut. 1944-1946

DE VIGAN
- No et moi

DICKER
- La Vérité sur l'affaire Harry Quebert

DIDEROT
- Supplément au Voyage de Bougainville

DUMAS
• Les Trois
Mousquetaires

ÉNARD
• Parlez-leur
de batailles,
de rois et
d'éléphants

FERRARI
• Le Sermon sur la
chute de Rome

FLAUBERT
• Madame Bovary

FRANK
• Journal
d'Anne Frank

FRED VARGAS
• Pars vite et
reviens tard

GARY
• La Vie devant soi

GAUDÉ
• La Mort du
roi Tsongor
• Le Soleil des
Scorta

GAUTIER
• La Morte
amoureuse
• Le Capitaine
Fracasse

GAVALDA
• 35 kilos d'espoir

GIDE
• Les
Faux-Monnayeurs

GIONO
• Le Grand
Troupeau
• Le Hussard
sur le toit

GIRAUDOUX
• La guerre de
Troie
n'aura pas lieu

GOLDING
• Sa Majesté des
Mouches

GRIMBERT
• Un secret

HEMINGWAY
• Le Vieil Homme
et la Mer

HESSEL
• Indignez-vous !

HOMÈRE
• L'Odyssée

HUGO
• Le Dernier Jour
d'un condamné
• Les Misérables
• Notre-Dame
de Paris

HUXLEY
• Le Meilleur
des mondes

IONESCO
• Rhinocéros
• La Cantatrice
chauve

JARY
• Ubu roi

JENNI
• L'Art français
de la guerre

JOFFO
• Un sac de billes

KAFKA
• La Métamorphose

KEROUAC
• Sur la route

KESSEL
• Le Lion

LARSSON
• Millenium I. Les
hommes qui
n'aimaient pas
les femmes

LE CLÉZIO
• Mondo

LEVI
• Si c'est un
homme

LEVY
• Et si c'était vrai…

MAALOUF
• Léon l'Africain

MALRAUX
• La Condition
  humaine

MARIVAUX
• La Double
  Inconstance
• Le Jeu de l'amour
  et du hasard

MARTINEZ
• Du domaine
  des murmures

MAUPASSANT
• Boule de suif
• Le Horla
• Une vie

MAURIAC
• Le Nœud
  de vipères

MAURIAC
• Le Sagouin

MÉRIMÉE
• Tamango
• Colomba

MERLE
• La mort est
  mon métier

MOLIÈRE
• Le Misanthrope
• L'Avare
• Le Bourgeois
  gentilhomme

MONTAIGNE
• Essais

MORPURGO
• Le Roi Arthur

MUSSET
• Lorenzaccio

MUSSO
• Que serais-je
  sans toi ?

NOTHOMB
• Stupeur et
  Tremblements

ORWELL
• La Ferme
  des animaux
• 1984

PAGNOL
• La Gloire de
  mon père

PANCOL
• Les Yeux jaunes
  des crocodiles

PASCAL
• Pensées

PENNAC
• Au bonheur
  des ogres

POE
• La Chute de la
  maison Usher

PROUST
• Du côté de
  chez Swann

QUENEAU
• Zazie dans
  le métro

QUIGNARD
• Tous les matins
  du monde

RABELAIS
• Gargantua

RACINE
• Andromaque
• Britannicus
• Phèdre

ROUSSEAU
• Confessions

ROSTAND
• Cyrano de
  Bergerac

ROWLING
• Harry Potter à
  l'école des sor-
  ciers

SAINT-EXUPÉRY
• Le Petit Prince
• Vol de nuit

SARTRE
• Huis clos
• La Nausée
• Les Mouches

SCHLINK
• Le Liseur

SCHMITT
- La Part de l'autre
- Oscar et la
  Dame rose

SEPULVEDA
- Le Vieux qui
  lisait des romans
  d'amour

SHAKESPEARE
- Roméo et Juliette

SIMENON
- Le Chien jaune

STEEMAN
- L'Assassin
  habite au 21

STEINBECK
- Des souris et
  des hommes

STENDHAL
- Le Rouge et
  le Noir

STEVENSON
- L'Île au trésor

SÜSKIND
- Le Parfum

TOLSTOÏ
- Anna Karénine

TOURNIER
- Vendredi ou
  la Vie sauvage

TOUSSAINT
- Fuir

UHLMAN
- L'Ami retrouvé

VERNE
- Le Tour
  du monde
  en 80 jours
- Vingt mille
  lieues sous
  les mers
- Voyage au
  centre de
  la terre

VIAN
- L'Écume des jours

VOLTAIRE
- Candide

WELLS
- La Guerre des
  mondes

YOURCENAR
- Mémoires
  d'Hadrien

ZOLA
- Au bonheur
  des dames
- L'Assommoir
- Germinal

ZWEIG
- Le Joueur
  d'échecs

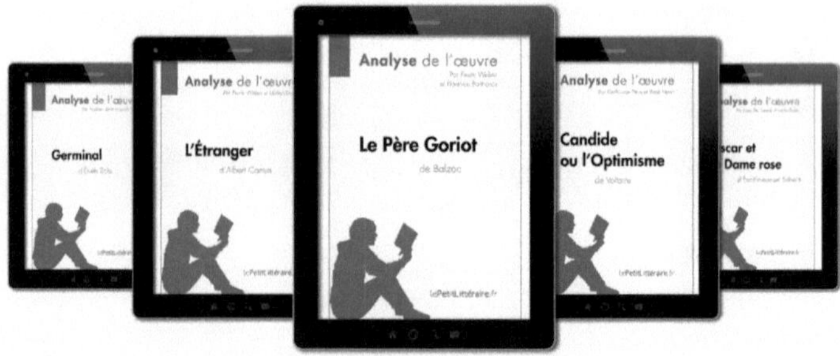

ISBN version numérique : 978-2-8062-8681-9
ISBN version papier : 978-2-8062-8682-6
Dépôt légal : D/2016/12603/609

Conception numérique : Primento,
le partenaire numérique des éditeurs.